Anna Fee

Beziehungen im Zwielicht

Anna Fee

Beziehungen im Zwielicht

Bibliografische Information der Deutschen Nationalbibliothek

Die Deutsche Nationalbibliothek verzeichnet diese Publikation in der Deutschen Nationalbibliografie; detaillierte bibliografische Daten sind im Internet über dnb.d-nb.de <http://dnb.d-nb.de> abrufbar.

Herstellung und Verlag: Books on Demand GmbH, Norderstedt.

ISBN 9783842347458

Vorwort

Liebe LeserIn,

ich danke Ihnen für Ihr Interesse an meinem Buch. Bitte lesen Sie darin nach Belieben und momentanem Empfinden. Sollten Sie Interesse an einem Gedankenaustausch haben, so können Sie mich jederzeit unter meiner Mailadresse

AnnaFee@online.de

erreichen. Ich würde mich sehr freuen. Manchmal kann die Berührung mit einer anderen Sichtweise etwas Erstarrtes oder Festgefahrenes in Bewegung bringen.

Am Herzen liegt mir auch die Danksagung an meine Familie, ohne die ich nicht diejenige wäre, die ich heute bin. Ich konnte durch die Auseinandersetzungen und liebevollen Begegnungen unsagbar viel lernen und tue es weiterhin - mit Schmerzen aber auch vielen Freuden.

Danken möchte ich auch Amalija, Angela und Birgit - seelennahen Menschen, die mich sehr unterstützt haben und ohne die mein Buch nicht das wäre, was es nun geworden ist.

Dank auch an alles und alle, die mir in meinem bisherigen Leben begegnet sind, mich herausgefordert und getragen haben.

Nicht zuletzt möchte ich meinem Ehemann für all die Ermutigung und technische Hilfe danken.

Lassen Sie sich nun entführen! Alles Gute!

Anna Fee

P.S. Die Idee zu den Spiegelungssätzen entstand nach Lektüre von Büchern der Autorin Katie Byron.

Inhalt

1 Liebesbeziehungen I

Reise

Ich sitze im Zug,
eingehüllt in Musik und den Duft frischer Seife - mir gegenüber
ein Paar.

Er legt seine Hand auf ihren Mund, dem unaufhörlich
Argumente entfließen,
schaut in ihre Augen und setzt sanft einen Kuß auf ihre Lippen.
Augenblicklich schmilzt sie in seinen Armen dahin.
Wie im Film.

Oftmals ist es anders.

Beide reden und reden, aneinander vorbei,
verstecken ihren Schmerz hinter Worten - ihre Angst vor
Verletzung.
Die Worte schützen, der innere Schmerz bleibt.
Ich habe nichts gezeigt, von mir preisgegeben.
Vielleicht ahnt es der andere? Vielleicht auch nicht.
Wenn doch, könnte er seine Hand zart auf ihren Mund legen -
Küssen - Genießen.

Und später Stop. Pause. Schauen, wirklich schauen,
Ängste erkennen, sich ihnen stellen.

Eine Vision?

Verletzung

Er hat keine Ahnung, wie er sie getroffen hat.

Er bemerkt nur ihre Sperrigkeit, weicht aus, zieht sich zurück, spricht es nicht an.

Später nimmt er seinen Mut zusammen, will sie umarmen.

Aber es hat sich nichts geändert. Im Gegenteil. Noch eine Spur kälter zieht sie sich zurück.

Er kann nicht damit umgehen, versteht nicht.

Eine Weile später hat sie sich gefaßt, Liebe strömt wieder in sie ein.

Der richtige Zeitpunkt einen Versuch zu starten, sich verständlich zu machen. Der liebevolle Ton öffnet sein Herz und seinen Mut und allmählich bekommt er eine Ahnung davon, was los war.

Er ist sehr überrascht. Sie aber auch, als sie während ihrer Erzählung, die er sich annehmend anhört entdeckt, was dahinter steckt. Sie erfährt etwas über sich, was ihr so in dieser Deutlichkeit nicht klar war.

Beide beginnen, Teile von sich zu sehen, die ihnen bisher verborgen waren, umarmen sich.

Hände

Deine Hände berühren zart mein Gesicht.

Ich erglühe und mein Körper zittert vor Erregung.

Wie ein Strom fließt das blanke Gefühl.

Ich bin Liebe und wie Wachs in deinen Händen -

für diesen Moment.

Könnte er doch ewig sein.

Ich genieße ihn, solange er dauert und schließe die Augen,

überlasse mich dem Universum -

für diesen Moment.

Könnte er doch ewig sein.

Schon brennen Sehnsucht und Wehmut in meinem Herzen.

Gleichzeitig Glück und Schwere

und tiefe Liebe in meiner Seele.

Geboren aus der Nacht

Du hast Deine Vorstellungen, ich meine. Wir verlieren uns darin,
gefangen hinter unseren geziegelten Mauern, hinter unseren
gewebten Gittern. Ab und zu werfen wir einen Blick in die
andere fremde Welt und spüren eine schmerzhafte Sehnsucht,
einen Stich mitten ins Herz und wissen es nicht zu deuten.
Wenn doch nur der andere... - dann wäre alles gut.

Welch ein Irrtum! Laß uns die Strahlen der Sonne aufnehmen,
verwandeln und sehen, was wirklich ist, spürend den Reichtum
des L(i)ebens in seiner ganzen Vielfalt und Schönheit.

Mauern

Er sehnt sich nach Liebe und Zärtlichkeit.

Sie hat ihre Erfahrungen und baut von vornherein kleine Mauervorsprünge der Sicherheit ein. Niemals mehr wieder Schwäche zeigen.

Anfangs tut das den Gefühlen keinen Abbruch.

Doch er benimmt sich ungeschickt, verbirgt Unsicherheitsgefühle hinter Imponiergehabe, das nicht durchschaut und für bare Münze genommen wird, sogar Angst einflößt.

Die Unsicherheitsgefühle und Zweifel werden abgewehrt und verwandelt, bis sie nicht mehr wiederzuerkennen sind, Mut angetrunken.

Nach und nach werden die Mauervorsprünge größer.

Die Gefühle schlängeln sich hindurch, bis sie nur noch ab und zu aufblitzen, verkleidet in Kälte, Verletzlichkeit, Rückzug, Trauer, Aggression und Machtspiel.

Sie wissen nichts davon, können es deshalb nicht mitteilen.

Aber zwischendurch scheint die Liebe hindurch, der verbindende Stamm und Keim der Hoffnung.

Überraschung

*Er kommt guter Laune nach Hause und begegnet ihr -
nichtsahnend.*

*Ihre Unterströmung reißt ihm den Boden unter den Füßen weg.
Er hat keine Ahnung, was ihm geschieht. Kannte sie ihren Sog?
Oder war sie genauso überrascht wie er?*

*Endlich bekommt er wieder Land zu fassen, atmet tief durch,
freut sich, daß er noch lebt.*

*Als er ihr später davon erzählt, wundert sie sich. Doch als sie in
sich hinein horcht, erkennt sie Hintergründe, die sie sonst nie
erkannt hätte, nicht einmal ahnungsweise.*

*Sie fallen sich befreit in die Arme, gewiß, daß sie Untiefen
meistern können, wenn sie sie erkennen und anschauen.*

Am Ende

Es kommt mir vor, als wenn du mir jedesmal widersprichst,

wenn ich etwas sage.

Ich bin erschöpft. Ich sehne mich so sehr nach etwas Harmonie.

Jeder Widerspruch ist für mich wie ein kleines Sterben.

Meine Gefühle erkalten, mein Herz friert.

Nimm mich in den Arm, sag nichts.

Laß mich etwas Frieden finden und mich anlehnen.

Meine Seele braucht Wärme, Erholung, Geborgenheit.

Dann bin ich auch wieder bereit für die Stürme des Lebens.

Laß mich in Ruhe

Laß mich in Ruhe oder liebe mich,

quäle mich nicht länger,

jede Forderung ist für mich wie ein Dolchstoß mitten ins Herz,

ich blute, ich leide und sehne mich nach ein bißchen Glück.

Laß mich in Ruhe oder liebe mich.

Sehnsucht

*Heut ist der erste Tag, wo Du nun weit weg bist, doppelt so weit
wie vorher, mein Herz tropft...*

*aber es ist auch eine Stimmung, wo ich plötzlich sehr viel
verstehe, sich alles (ein)fügt in ein Ganzes.*

Du

Du bist die Frau, die ich erwählt habe.

Du bist der Mann, den ich erwählt habe.

Laß uns einander lieben und ehren, streiten und versöhnen.

Du bist genau die Frau, deren Kraft mich heil und ganz macht.

Du bist genau der Mann, dessen Kraft mich heil und ganz macht.

Laß es uns genießen und dafür danken, solange es dauert.

2 Professor Schwan

Erstes Interview

Herr Professor Schwan, oftmals wird gesagt, daß Männer und Frauen sich einfach nicht verstehen, daß sie nicht zusammenpassen. Was sagen Sie dazu?

Sie sprechen ein sehr sensibles und komplexes Thema an. Häufig werden Schwierigkeiten in Beziehungen damit begründet, daß man sagt, es geht nicht, das paßt nicht, der andere hat Schuld. Die Erklärung des Nichtzusammenpassens ist dann gar nicht so schlecht im Vergleich zu der, daß der andere an allem Elend, was mir passiert die Schuld trägt.

Bevor ich fortfahre - bitte sehen Sie meine Aussagen als Hypothesen an. Jeder kann nur für sich selbst prüfen, ob es für ihn stimmig ist - oder auch nicht.

Im Einzelfall mag ein Paar nicht zusammenpassen - nur solange die Kommunikationsmöglichkeiten nicht ausgeschöpft sind, läßt sich das schwer entscheiden. Es scheint stark im Menschen verankert zu sein, daß er sich wünscht, der andere möge ihm alles von den Augen ablesen und müßte doch merken, wie es um ihn steht. Nur solange beide das nicht innerhalb der Paarbeziehung kommunizieren, ist Mißverständnissen Tür und Tor geöffnet.

Wenn man sich besser kennt, bekommt man vielleicht mit, daß der andere etwas auf dem Herzen hat, aber **was** *genau das ist, weiß man nicht - häufig weiß es der andere selbst nicht, schließlich sind Gefühle wie Meeresströme - nicht immer einfach zu orten. Man vermutet einiges, spricht es aber nicht aus. Auf diese Weise können aus ungeprüften Annahmen Teufelskreise entstehen und ihren Lauf nehmen.*

In vielen Fällen faßt man Verhalten als persönlich gegen sich gerichtet auf und reagiert entsprechend. Je mehr man sich selbst (er)kennt, um so besser kann man sich erklären und um Verständnis werben.

Wichtig zu wissen ist, daß zwei Menschen niemals genau die gleiche Realität wahrnehmen. Man denkt, was man selbst sieht, muß der andere doch genauso sehen - aber die Realität ist sehr komplex und jede Wahrnehmung begrenzt und außerdem abhängig von vielen Faktoren wie zum Beispiel der Stimmungslage, den Erfahrungen, dem Glauben, Wissen oder der speziellen Aufmerksamkeit im betreffenden Moment.

Jeder vervollständigt das begrenzt Wahrgenommene blitzartig - die Schlußfolgerungen und oftmals auch Handlungen folgen auf dem Fuße. Zu Zeiten der körperlichen Lebensbedrohungen war das nützlich und sinnvoll und auch heute kann es vor Gefahren schützen bzw. Leben retten. In den meisten Fällen hält dieses blitzartig geformte Bild aber der Realität nicht stand und eine Überprüfung kann äußerst hilfreich und sinnvoll sein, insbesondere wenn sich Mißklänge daraus ergeben.

In Notfällen ist ein sofortiges Handeln nützlich und erforderlich, ansonsten ist ein **Stop** *vor weiterreichenden Handlungen angebracht und es ratsam, seine Gedanken zu überprüfen und mit der Realität abzugleichen. Mein Fazit: Verstehen ist durchaus möglich und die Frage des Zusammenpassens ergibt sich dann meistens von ganz allein.*

Zweites Interview

Herr Professor Schwan, wie sehen Sie das Zusammenleben in Partnerschaft und Ehe ?

Ich vergleiche Zusammenleben gern mit einem Orchester(stück).

Zwei Menschen mit sehr komplexen und verschiedenen Hintergründen vereinigen sich zu einem größeren Ganzen und bleiben dennoch, was sie sind. Die Geige bleibt eine Geige, das Cello ein Cello usw.

Jeder kommt zu seinem Recht, entwickelt sich und gleichzeitig entwickelt sich das Ganze, die neue unbekannte Komposition, die sich erst vollendet mit dem letzten Atemzug.

Ob diese Komposition von Gott, der Evolution oder völlig spontan entsteht, vermag ich nicht zu sagen. Ich bin nur ein Mensch mit begrenzten Wahrnehmungsfähigkeiten und kann nur einen Bruchteil des Ganzen sehen. Dennoch glaube ich, im Kleinen ähnliche Prinzipien zu entdecken, wie sie im Großen auch gelten.

Wie kommt es, daß Paare oftmals so schmerzhaft miteinander oder gegeneinander streiten?

In jeder Beziehung können Machtkämpfe entstehen. Diese dienen dazu, sich zu entwickeln und in der Auseinandersetzung zu erkennen - wer bin ich und wer ist der andere. Sich, den anderen und das Zusammenleben kennenlernen. Ein Ausloten - was ist möglich und was nicht.

Im Orchester wird es dann zu einer ausgewogenen Harmonie kommen, wenn jeder gelernt hat, das Sosein des anderen zu schätzen und zu genießen. Eine neue Qualität entsteht, in der beide Welten vereint und gleichzeitig aufgehoben sind.

Dabei wird es immer wieder zu Kämpfen und Streitigkeiten kommen - in jeder neuen und auch in jeder alten Situation, solange sie ungelöst ist. Im Licht der bisherigen Erfahrungen werden die meisten Kämpfe leichter.

Je mehr man sich an voran gegangene Reflexionen erinnert, um so schneller kann man immer wieder die Perspektive des Großen und Ganzen einnehmen.

Im Orchester ist das auch gut vorstellbar - wenn ich nur meins sehe und der andere auch, kann es zu keiner Harmonie kommen - es fehlt der Zusammenhang - das gemeinsam zu gestaltende Stück, von dem aus man schaut.

Herr Professor Schwan - in der Theorie klingt das ganz gut, verständlich und nachvollziehbar. Aber wie ist es in der Praxis? Oftmals denke ich, ich schaue auf den anderen, er aber nicht auf mich. Ich finde das so ungerecht, daß ich mir dann auch keine Mühe mehr gebe. Ich sehe schließlich nicht ein, daß ich mich allein abstrample.

Ja, das ist sehr nachvollziehbar. Solange man sich ungerecht behandelt fühlt, ist man nicht in Harmonie mit sich selbst, aus dem Gleichgewicht gebracht und handelt mehr oder weniger irrational, den Gefühlen ausgeliefert und sich ihnen hingebend.

Das gilt generell in allen Ungleichgewichtssituationen. Man ringt nach Lösungen und verfängt sich dann in lokalen Gleichgewichtspunkten, aus denen man nur sehr schwer wieder herauskommt. Diese üben eine magische Anziehungskraft aus, vergleichbar mit den Sirenen der Sage - man ist förmlich besessen von seinen eigenen Ideen und Vorstellungen. Alles andere rückt dann stark in den Hintergrund.

Erst, wenn man wieder das Große und Ganze in den Blick bekommt, bestehen Chancen zu einer Änderung. Und manchmal müssen Ungleichgewichtssituationen auch einfach nur ausgehalten und durchgestanden werden, das bringt die Natur mit sich.

Drittes Interview

Herr Professor Schwan, wie kommt man denn wieder in den Großen und Ganzen Modus?

Das ist eine gute Frage. Ich befürchte, das läßt sich größtenteils nicht erzwingen. Wie es den Tag- und Nacht-Rhythmus gibt, so unterliegt auch eine Beziehung Schwankungen - überlagert von den individuellen und vielen anderen natürlichen Rhythmen.

Man kann die verschiedenen Phasen unterstützen, aber wie ein Apfel einfach reifen muß, um ihn pflücken und fast in den Schoß fallen lassen zu können, so zwecklos wird es sein, das in vorhergehenden Stadien zu erreichen.

Die abfallenden Phasen zeigen sich häufig durch zunehmendes Verlieren in Details, durch das allmähliche Verlieren von Glauben und Hoffnung, durch Einsamfühlen.

Die Verabsolutierung von Details, das Hineinsteigern, die Abkopplung aller anderen Gedanken verstärken diese Hoffnungslosigkeit - an dieser Stelle kann man viel tun, um einzuhaken und Einfluß zu nehmen.

Wir können unterstützen und hemmen. Insbesondere unsere Gedanken erzeugen starke Kräfte, die sich wiederum intensiv auf unsere Gefühle auswirken.

Abstand gewinnen, beruhigen, erst einmal wieder zu sich finden, etwas Schönes tun. Und wieder die Zuversicht entwickeln, daß alles, genau wie es ist, perfekt ist und genau so sein soll. Ich bin der Meinung, jeder sollte die ihm am meisten liegende Methode zu seiner Unterstützung suchen.

Am Ende noch eine Textstelle aus „**Lebensnetz**" **von Fritjof Capra, Physiker, Systemtheoretiker, Philosoph und Autor**:

Statt eine Maschine zu sein, erweist die Natur insgesamt eher ihre Ähnlichkeit mit der menschlichen Natur; unvorhersagbar, empfindlich gegenüber der umgebenden Welt, von kleinen Schwankungen beeinflußt. Dementsprechend beruht der angemessene Umgang mit der Natur, wenn man mehr über ihre Komplexität und Schönheit erfahren will, nicht auf Beherrschung und Kontrolle, sondern auf Respekt, Kooperation und Dialog.

3 Spiegelungen

Manchmal

Manchmal fühle ich mich mißverstanden.

Du stellst Zusammenhänge her, die schief liegen

und obendrein lasse ich mich anstecken,

bin verwirrt, erstaunt, wo ich plötzlich gelandet bin.

Manchmal fühlst Du Dich mißverstanden.

Ich stelle Zusammenhänge her, die schief liegen

und obendrein stecke ich Dich an,

Du bist verwirrt, erstaunt, wo Du plötzlich gelandet bist.

Manchmal verteidigen wir uns.

Manchmal scheint es, als reitet uns der Teufel.

Schauen wir dann hinter die Fassaden, löst sich alle Verwirrung auf,

wir haben etwas gelernt und freuen uns, wo wir gelandet sind.

Verstehen

Ich möchte daß sie mich versteht.

Sie möchte daß ich sie verstehe.

An Dich

Meine liebe Freundin,

ich danke Dir für Deine Zeilen und fühle mit Dir mit!!! Und ich weiß, daß Ungeduld nichts nützt, nichts übers Knie zu brechen ist.

Ich hätte auch am liebsten alles gleich gelöst und könnte verrückt werden, wenn es einfach nicht klappen will. Das zehrt dann so an den Kräften, bis man sich am Ende fühlt, nur noch schreien und heulen könnte.

Stop, zur Besinnung kommen, loslassen, einfach leben, von oben schauen - die Angst beginnt sich zu lösen.

Ach ja, und die Verletztheiten - wie oft und wie lange knabbert man daran, versucht sie zu überspielen, setzt Worte darüber, Forderungen, Erwartungen?

Und doch nützt es nichts, bis man hindurch gegangen ist, geheult, verziehen hat. Alles davor scheint nur Schorf zu sein, ein um sich schlagen, Schutz vor weiterem Schmerz, Angst, nackt und pur in merkwürdigem Gewand, verkleidet, überredet. Sich in den Arm nehmen, nichts sagen, nur fühlen, heulen, sich hingeben.

Ach, das irdische Dasein, unsere vielen Regeln, Vorschriften, Annahmen, die wie Dogmen wirken. Irdische Schwere. Sehnsucht nach Verschmelzung der Seelen, der warmen Körper, der Lippen, Streicheln, Anschauen, schweigen. Ich umarme Dich.

47

Unterstützen

Ich möchte daß er mich unterstützt.

Er möchte daß ich ihn unterstütze.

Muttersein

Im siebenten Himmel - Auf Wolken

Babyduft, das erste Lächeln, das erste Wort, der erste Schritt

Der erste eigene Wille, Schreien, Widersetzen

Grenzen austesten - Schmerzgrenzen erreichen

Immer wieder zur Liebe zurückkehren

Angst, dem Kind passiert etwas

Mitgefühl, wenn das Kind Schmerzen erleidet

Angst, ob sein Weg der Richtige ist

Ob er nicht zu viele Schwierigkeiten mit sich bringt

Angst überfordert zu sein

Schmerz über Widerworte

Angst nicht geliebt und gesehen zu werden

Angst vor der Loslösung

Angst allein zu sein

Was tun? Sich immer wieder der Herausforderung stellen

Menschsein lernen

Vertrauen in die unbekannte Entwicklung

Loslassen

Da sein

Sein

Leben und lieben

Beachten

Er sollte mich liebevoll beachten.

Ich sollte ihn liebevoll beachten.

Dissonanzen

Verletzen

Sie merkt nicht daß sie mich verletzt.

Ich merke nicht daß ich sie verletze.

Im Meer der Musik

Ins Meer der Musik eintauchen,
entspannen, Lebensfreude pur, Gefühle, Liebe, Energie aufladen
für den späteren Wiedereintritt in die Welt mit gesammelter
Kraft.

Etwas nur für sich genießen,
keine Probleme, keine Sorgen, nur die Musik,
in der alles steckt, was es gibt,
darin aufgehen, mitgehen für eine Zeit,
die Augen schließen, tanzen, singen.

So wenige Töne können soviel Freude schenken,
die Komposition, das Arrangement von Instrumenten, Stimmen,
Harmonien -
die Glückshormone jubeln.

Morgen wieder mit neuer Energie ins Abenteuer Leben stürzen,
die Querelen, Dissonanzen aufnehmend, ausgleichend,
Verzweiflungen auflösen, ertragen, bestehen,
mit neuen Augen sehen.

Das gleiche ist dann doch nicht mehr das gleiche,
angereichert mit der Wärme
und dem besonderen Verständnis des Herzens.

4 Willkommen und Abschied

Zurück

*Ich bin von der Reise zurück und schwebe noch zwischen den
Zeilen der Seele.*

Bilder ziehen an mir vorbei, Gefühle füllen den Raum.

Noch bin ich nicht wieder hier angekommen.

Ich sehe das Große und Ganze, lasse es durch mich hindurch.

*Bruchstücke verfangen sich, wollen gesehen, erkannt und
verstanden werden.*

Ab und zu scheint ein Zipfelchen vom „Hier und Jetzt" durch.

Aber noch arbeitet es in mir.

An die Mutter

Liebe Mutti,

es tut mir sehr leid, daß es letztes Mal nicht gut „lief", als Du mich anriefst. Ohne mir dessen bewußt zu sein, nahm ich den Hörer ab und fühlte mich mehr oder weniger widerwillig aus meiner beschäftigten Stimmung herausgerissen.

Da ist es für mich goldwert, wenn die Mail-Alternative zum Tragen kommt - ich kann lesen und schreiben, wann es mir gerade paßt. Wenn ich glaube reden zu müssen, zerstört es meine Stimmung und ich fühle nur noch Aggressionen.

Während meiner Reise hatte ich wunderbare Erlebnisse, die ich noch im Inneren trage und Schreiben beläßt es in gewisser Weise auch noch dort - reden erfaßt es zu diesem Zeitpunkt noch nicht im entferntesten. Bilder über Bilder sind in mir, denen ich noch nachhänge und die ich noch genießen möchte.

Andererseits ist auch der Alltag schnell wieder zur Stelle, aber mehr als nötig möchte ich davon gerade nicht. Kannst Du mir das verzeihen?

Liebe Grüße bis zum nächsten Mal

von Deiner Dich liebenden Tochter

Chaos

*Sie liebt die Natur, kümmert sich liebevoll um jede Pflanze,
jeden Halm, jedes Sandkorn, in das sie eingebettet sind.*

*Im Moment überschatten Chaos und Unordnung ihren
Lebensraum. Es schmerzt sie, fast ohnmächtig zuzusehen und
mitzufühlen, wie ihre liebevolle Ordnung sich in Luft auflöst.*

*Ihr Körper bäumt sich auf, der Schmerz setzt sich an die
Schwachstellen.*

*Diesmal ist es besonders schlimm, Angst macht sich breit, bis
ihr Vertrauen in die Prozesse wieder wächst, daß eine neue
andere Ordnung integriert werden kann.*

Umzug

Umziehen ist wie ein Schweben im unendlichen Universum - einen Flecken Erde verlassen, der mir vertraut war mit Düften, Geräuschen, Tönen, Farben, Bildern - der Wechsel in einen neuen Kosmos.

Einzig gleich ist das Himmelsgewölbe, das uns alle umspannt.

Neue Gerüche, Töne, Farben. Das gleiche Bild in fremder Umgebung ist nicht mehr das Vertraute. Fühlt sich fremd an.

Die vertraute Musik bekommt eine neue Bedeutung, spannt den Bogen über das Vergangene und Kommende, verbindet Vergangenheit und Gegenwart, läßt mich fühlen, trauern, genießen, hoffen, leben.

Ein Teilchen im Riesenreich der Natur.

Die Möwen tänzeln über dem Meer wie selbstverständlich.

Die Schwäne gleiten majestätisch darüber hinweg, erheben sich mit ihren weißen Schwingen und setzen später ihre Flügel wieder zur Landung - Tropfen glitzern im herbstlichen Sonnenlicht, die dann aufsprühen, bevor sie wieder eins werden mit dem Meer.

Die Tage und Nächte tanzen in verändertem Tempo. Die Musik bleibt. Mein Herz ist schwer. Es weint, schüttet sich aus wie eine regennasse Wolke.

Die Musik ist wie ein Gebet. Mein Herz öffnet sich für das Leben. Muße, Hingabe, Gleiten durch Gedanken, Bilder, Gefühle. Auf den Flügeln der Musik wieder ankommen -

im Frieden mit mir und der Welt, wie sie eben ist.

Depression

Ohnmacht und Hilflosigkeit tröpfeln wie Gift unbemerkt in meinen Körper, bis sie jede Zelle ausfüllen. Es ist, als ob alle Farbe weicht, mir alles nur noch in Grau erscheint. Ich zoome das Bild heran, bis es nur noch diese eine Perspektive gibt, umhüllt von einem Wattebausch, um den befürchteten Fall abzufedern, den Sturz in das unendliche Meer des Verlustes, des Abschiednehmens.

Angst - ich möchte es nicht wahrhaben, Ohnmacht - ein inneres Aufbäumen gegen die Realität, die mir ganz furchtbar erscheint. Es kann einfach nicht sein und ist es doch. Ein Wahnsinn, unbegreiflich. Ohnmacht, Angst, daß ich nichts daran ändern kann, daß es eintritt, schon eingetreten ist.

Ich schwebe noch in Ungewißheit, die Befürchtungen werden immer größer, bis ich es nicht mehr aushalte, wie ein Schmerz, der in den Schockzustand geht, eine Wunde, die blutet und ich das Blut nicht sehen kann und will, ja, fast ohnmächtig werde - wie passend der Begriff, ohne Macht. Wie kann ich die Macht zurückgewinnen? Es ist für mich einfach unvorstellbar, weil - diesbezüglich geht es nicht. Alles erscheint mir sinnlos, wenn das, genau das nicht geht.

Das alles überschattende und überragende Bild läßt mich nicht los, wird höchstens gedämpft, bis es so abgefedert ist, daß alles abgefedert und gedämpft ist, nichts mehr lebendig in mir ist. Ich lebe aus der Konserve, im fast luftleeren Raum. Das Atmen fällt mir schwer, hört fast ganz auf. Nur ein Minimalprogramm des Überlebens gibt es noch. Wie lange noch?

Wie wieder unter die Lebenden kommen, am Leben teilhaben, wo es mir doch so unsinnig im Moment erscheint? Wie wieder Perspektive gewinnen?

Heulen, Druck entlassen. Wenn der Druck größer wird, ändert sich der Aggregatzustand. Die festen Bestandteile lösen sich auf. Vielleicht waren sie zu fest? Okay. Nun müssen sich die schwebenden Bestandteile neu ordnen, denn wenn alles aufgelöst ist, bleibt nur das Nichts, eine schmerzhafte Dimension, in der ich weder leben noch sterben kann, es auf Dauer schwer ertrage. Neuordnung, Anpassung an eine neue Realität, Veränderung, Qualität. Alles oder etwas wird anders als vorher.

Vertrauen aufbauen, daß ich dieses andere meistere, mich einlebe, wieder Kreativität entwickeln kann, die im Grunde auch wie ein Eintauchen in einen anderen Aggregatzustand ist, nur freiwillig, wo ich mich auflöse, in andere Dimensionen gehe, um mich wieder neu zu ordnen. Dieses freiwillig macht vielleicht den Unterschied. Mich gezwungen fühlen, dagegen zur Wehr setzen - das macht übergroßen Druck, der meinen Ausdruck braucht, den ich durchleiden muß, Stück für Stück, bis ich ihn nicht mehr als Ohnmacht empfinde, sondern wieder in Kreativität münden kann.

Grenzenlos

Meine liebe Freundin,

Du fragst mich, wie Du grenzenlos lieben kannst: Mit den Grenzen ist das so eine Sache. Einerseits soll man Grenzen setzen, andererseits grenzenlos lieben. Ich versuche mir das vorzustellen. Es strömen Liebe und Zuwendung aus mir heraus und umhüllen den anderen. Nun merkt es der andere möglicherweise nicht oder kann es nicht spüren, weil er Mauern um sich herum errichtet hat, vielleicht in diesem Moment. Die Liebe geht ins Leere, prallt zurück oder breitet sich im Kosmos aus. Sie vermag gerade nicht, die Mauer zu durchdringen, zu erwärmen oder zum Bröckeln zu bringen. Das kann den Absender sehr frustrieren und ihn nun selbst an seine Grenzen bringen.

Ist er mit sich selbst im reinen, kennt sich und seine Grenzen gut, wird er seine Fühler in der Schwebe lassen und es wird für ihn okay sein. Ist er das nicht, kann er sich sehr verletzt, abgelehnt und zurückgestoßen fühlen. Ein Signal, nach innen zu schauen, wo man sich leer fühlt, wo einem die Energien und Treibstoff fehlen, wo man sich selbst etwas Ruhe und Besinnung gönnen sollte - der andere hat eh gerade sehr mit sich selbst zu tun. Oder schauen, ob man eine wunde Stelle hat, um die man sich bisher nicht kümmerte, weil man so sehr auf den anderen fixiert war. Müßte man nicht vielleicht erst einmal seine eigenen Grenzen kennen, ehe man grenzenlos lieben könnte? Also ganz zum Ursprung zurückgehen, als der erste Hauch von Wohlfühlen verlorenging. Was war da los? Im Hier und Jetzt! Ohne Sorge, daß etwas verlorengeht!

Ohne eine Substanz im Inneren, die weiß, wer man ist, bedeutet Fühler ausstrecken - sich selbst ausstrecken und ggf. die Balance verlieren, wenn man vom anderen nicht angenommen oder aufgefangen wird.

In jedem Moment entscheiden: 'das ist okay' oder 'das geht mir gegen den Strich - ich möchte schauen, was mit mir los ist und mich erst einmal wieder ins Gleichgewicht bringen - dann kann ich mich Dir mitteilen, wenn Du daran interessiert bist. Wenn nicht, werden wir nebeneinander leben ohne wirkliche fühlige Berührungspunkte. Soviel zu Deiner Frage - zuviel?

Liebe Grüße von mir

Tanz

*Ich tanze mit dem was **ist**, umarme und liebe es. Ich entlasse die Vergangenheit in das Karussell des Lebens - im Auftauchen schaue ich sie an, lasse sie wieder ziehen - bis zum nächsten Mal.*

Ich schwimme im Fluß des Lebens, lasse mich von den Wellen tragen. Wenn ich zerfalle, sammle ich die Teile wieder auf und lasse sie zu einem Großen und Ganzen verweben, bis ich mich darin wieder aufgehoben fühle und überlasse mich wieder der Poesie der Gegenwart, den Unwägbarkeiten des Lebens und liebe was ist.

Ich genieße den Reigen wieder und wieder, bis ich immer schneller im Großen und Ganzen aufgehen kann. Ich lasse mich von der Sonne wärmen, nachdem ich den Schatten durchlitten habe - ihre Strahlen ziehen mich magisch an und beides hält mich in der Mitte des Lebens, damit ich nicht verbrenne.

*Ich tanze mit dem was **ist**, umarme und liebe es.*

5 Inspirationen

Grenzen

Manchmal sind Verschärfungen auch gut, um die Spreu vom Weizen zu trennen.

Bin ich das noch?

Wie weit möchte ich gehen?

*Inwieweit kann ich noch **Ja** dazu sagen?*

Was liegt mir wirklich am Herzen?

Was ist für mich wesentlich?

Welche Punkte bedeuten mir besonders viel?

Begebenheit

Ich fahre mit dem Fahrrad einen schmalen Weg entlang. Auf der einen Seite hängen die Zweige von den Bäumen herüber, auf der anderen Seite zieht sich ein Feld entlang.

Ich komme mehrmals ins Straucheln, wundere mich und sehe, daß mein Pedal am Rand anstößt - ich verliere dadurch das Gleichgewicht.

Ich bin erschrocken und sauer und ärgerlich - dieser verdammt enge Weg, so uneben. Was soll das - und dieses blöde Fahrrad mit seinen unpassenden Pedalen. Es nervt und ich bin froh, als der Weg in eine etwas breitere Straße übergeht.

Die gleiche Begebenheit wiederholt sich wieder und wieder, bis - ja - bis ein Wunder geschieht. Plötzlich fahre ich denselben Weg ohne Probleme.

Die Zweige stören schon immer noch etwas, aber was ist schon perfekt? Was ist passiert?

Ich fahre mehr links, wenn das rechte Pedal den Rand erreicht und sonst an die Kante stoßen würde, und mehr rechts, wenn die andere Seite dran ist, passe mich an und plötzlich macht der Weg Spaß, dieses Balancieren und das Erleben des Erfolges, daß alles plötzlich flüssig vor sich geht, als wäre es nie anders gewesen.

Auseinandersetzung

Fühle ich mich wohl oder muß ich mir dieses Gefühl durch Drogen verschaffen? Fühlt sich das, was ich tue, für mich richtig, passend und stimmig an? Auch noch danach ? Oder gerate ich hinterher in Zweifel, ob es nicht doch ein Fehler war, ob ich nicht Ärger deswegen bekomme. Angst breitet sich aus, überschwemmt mich. Ich möchte wieder ruhig werden, wieder Vertrauen fassen - es findet sich für alles eine Lösung.

Ich bin im Moment wieder offen für das was kommt und bin sicher, ich werde den Aufgaben gerecht. Ich bekomme nur soviel aufgetragen, wie ich tragen kann. Ich kann auch mehr übernehmen, mich überlasten, fertigmachen, verrückt werden. Ich kann dann aber immer wieder stoppen, mich besinnen, wieder zurechtrücken in den Teil des Universums, der mich mit allen und allem verbindet, mich wieder eins mit allem fühlen, fließen und wissen, daß es sich stimmig anfühlt.

Versuch

Kurz bevor sie an der Tür klingelte, wurde ihr bewußt,

daß sie den Rucksack noch voller Steine hatte.

Sie war schon erschöpft,

bevor sie auch nur etwas nettes oder neues erleben konnte.

Sie fühlte sich kraftlos und sie dachte, das muß wohl so sein.

Plötzlich huschte ein Lächeln über ihr angespanntes Gesicht.

Wie wäre es wohl, den Rucksack beiseite zu legen,

zumindest für den Augenblick

und einfach mal auszuprobieren,

wie es sich anfühlt.

Gedacht, getan.

Überrascht atmete sie erst einmal tief durch.

Eine große Erleichterung und Entspannung strömte in ihren Körper.

Freiheit. Leere.

Neugier auf das, was kommt.

Offenheit.

Für den Moment.

Graben

Im Graben wachsen die Sträucher schräg heraus.
In jeder Lebenslage können frische Triebe entstehen
und sich zum Licht wenden.

Strand

*Ich gehe am Strand entlang, ziemlich weit vorn, weil ich denke,
daß es da härter ist als im lockeren Sand und sich besser läuft.
Ich sinke dennoch bei jedem Schritt ein und es strengt mich an -
der Boden ist von Wasser durchtränkt.*

*Nach einer Weile sehe ich etwas fest Scheinendes und entdecke -
es ist ein Stück Felsen, fast bodengleich. Ich trete bewußt darauf
und genieße überrascht den Augenblick ausruhen.*

*Fast zeitgleich kommen mir interessante Gedanken, die ich so
noch nie hatte: Bisher sah ich Steine mehr als Hindernisse, die
möglichst umgangen werden sollten, um harte sinnlose
Konfrontationen zu vermeiden.*

*Plötzlich sehe ich andere Aspekte - das Festhalten in einer
Lebenszeit, die gerade nicht auf festem Boden gründet, sich
unsicher und verzweifelt anfühlt.*

*Hier auf dem Felsen kehrt für einen Augenblick Ruhe ein. Ein
bißchen verweilen. Dann kann es wieder ins unbekannte Land
gehen.*

*Um so gegründeter das Leben wieder ist, auf um so festerem
Boden, um so mehr kann ich dann auch loslassen von meinen
Grundsätzen, Vorurteilen oder anderen Verfestigungen und mich
auf die Unwägbarkeiten des Lebens einlassen.*

*Alles muß in gewissem Gleichgewicht sein. Schutzhöhlen
gehören dazu.*

Denken

*Ich denke an Mißverständnisse - wie schnell ich mein Bild
zusammen habe und wie schnell ein Komma oder eine Betonung
den Inhalt verändern können.*

Es stürmt. Bäume und Sträucher biegen sich.

*Ich denk - wenn ein Blättchen mit einem anderen kommuniziert
- gar nicht so einfach. Ständig ist alles in Bewegung.*

*Nur eine Konzentration auf den Stamm könnte erfolgreich sein -
abgesehen davon, daß so ein Kommunikationsspiel Spaß machen
kann - aber nur, wenn ich es nicht allzu ernst nehme - wie das
Spiel der Blätter im Wind.*

*Unterirdisch ist wohl alles mehr oder weniger verbunden - aber
überirdisch?*

*Ich stell mir vor, ich überschaue alles - von den Einzelheiten
abstrahierend.*

Sturm

Es stürmt am Meer und frischer Tang liegt auf dem von gestern
und dieser auf dem von vorgestern -

alles neben- und übereinander.

Alles verändert sich.

Wenn mehrere Schichten übereinander liegen und kein Sauerstoff
herankommt, ergibt sich darunter eine ziemlich glitschige Masse,
auf der man ganz leicht und plötzlich ausrutscht -

ohne es zu ahnen.

Geborgenheit

Manch junger Stamm braucht Stützung

um sich in Ruhe entwickeln zu können.

Menschsein

Einem Menschen gerecht werden, sein Schicksal respektieren -
ich muß nicht mit ihm leben, nicht jede Minute mit ihm teilen.
Wenn er sich mir öffnet - stimmig und herzlich ihm zuwenden,

in diesem Moment -

und ihn dann wieder ziehen und seiner Wege gehen lassen -
mich wieder sammeln, besinnen, zu mir finden, ins
Gleichgewicht kommen,
schöpfen, offen sein für Begegnung, beide Füße auf dem
Erdboden spüren,
wurzeln, verbinden mit der Urnatur, dem Feuer der Schöpfung,
des Lebens,
strahlende Herzenswärme aussenden, die alles umfaßt.

6 Liebesbeziehungen II

Bitte

Meine liebe Tochter,

ich danke Dir!

Ich weiß nicht, wie es Dir geht, aber mich hat unser „Streit" sehr viel weitergebracht, mehr zu mir hin.

Wenn Du mir sagst, daß ich Dinge tue, von denen ich nicht wußte, daß ich sie tue, glaube ich es Dir! Und damit glaube ich auch, daß das unendlich oft vorkommt.

Ich suche immer nach Wegen, Dinge, die ich bei anderen sehe, ihnen zu zeigen, so daß sie es auch sehen können. Da ich offensichtlich ganz genauso betroffen bin, kann ich genauso gut mit mir anfangen.

Deshalb wäre es mir eine große Hilfe, wenn Du mir zukünftig einfach ein verabredetes Signal geben könntest, wenn Du so etwas bemerkst.

*Aber natürlich ist das kein **Muß***!!!

Was vor vielen Wochen oder Monaten war, was unbewußt ablief, kann ich nicht erinnern und es hätte keinen Zweck, darauf aufzubauen und ich hätte auch nicht die Chance, meine Gefühle, Gedanken, Hintergründe zu erforschen.

Wir alle haben wohl einen Teil unseres Herzens verborgen und geschützt hinter den unterschiedlichsten Fassaden.

Alles hat seine wichtigen, erklärlichen und verstehbaren Hintergründe.

Jedenfalls ist Feedback - wenn ich erfahre, was wie wirkt - eine unschätzbare Hilfe.

*Zusammenleben ist **immer** die größte Herausforderung, der man sich nicht immer stellen **kann** oder gar **muß**.*

Etwas ist mir noch bewußt geworden: Unsere Streits bergen die Herausforderung, die Geschichte zu ändern, die sonst immer wieder gleich abläuft, von Generation zu Generation.

Man kann nur Dinge durchbrechen, die man versteht, bemerkt und sich mit ihnen auseinandersetzt, glaub ich.

Das soll's erstmal gewesen sein.

Ich umarme Dich, Deine Dich von ganzem Herzen liebende Mutti.

P.S.

Manches muß erst **wirklich** *verstanden sein, ehe es integrierbar ist.*

Solange Reste bleiben - meist Gedanken, die nicht die Wirklichkeit treffen und die wiederum Gefühle auslösen -

sind da immer wieder Stachel, die ganz schnell zustechen können,

Wunden verursachen, die auch eitern können usw. -

insofern ist **jeder** *Stachel, den man* **bemerkt,**

eine wunderbare Chance, etwas zu heilen ...

Vom Vater

Meine liebe Tochter,

ich sehe, wie Du leidest und auch, wie Du Dich kunstvoll durchs Leben webst. Vielleicht würde es Dich erleichtern, wenn Du Dir erlaubst, Dich wohlfühlen zu dürfen bei dem, was Du tust.

Ich hatte fast immer nur Arbeit im Kopf - da ist leider vieles zu kurz gekommen, was vielleicht wichtig und wesentlich gewesen wäre. Ich hatte ein gutes Leben und es würde mich wahnsinnig freuen, wenn Du Dir Deines auch so angenehm wie möglich einrichten würdest.

Ich weiß, daß Du ein wertvoller Mensch bist und Du brauchst keine Angst zu haben, irgendetwas oder irgendwem nicht zu genügen.

Dein Glück ist Deine größte Aufgabe. Wenn Du glücklich bist, wird sich einfach alles richtig anfühlen, was Du tust. Nimm Dich, wie Du bist, eine warmherzige Frau mit wahnsinnig viel Gefühl.

Das ist sicher in unserer Männerübermacht zu kurz gekommen, vielleicht zum Teil erstickt worden. Es tut mir sehr leid.

Hinter unsere Fassaden zu schauen ist sicher zum Teil fast unmöglich - wie macht sich auch ein weinender Mann in dieser rationalen Welt?

Als Frau hast Du aber mehr Möglichkeiten, Dich zu zeigen, ohne gleich abgestempelt zu werden.

Ich bin sicher, Du wirst Deinen Weg gehen.

Meinen Segen hast Du allemal.

In Liebe, Dein Vater

Veränderung

Meine liebe jüngste Tochter,

mein Blick fällt auf die Thermoskanne und ich sehe Dich vor mir, wie Du alles zubereitet hast, mit wieviel Liebe Deine Hände die nötigen Handgriffe taten. Du hast so zarte Glieder und bist eine sehr schöne kluge empfindsame junge Frau, die ihren Weg gehen wird - bald fern von mir.

Ich gieße mir den Tee ein und muß gleichzeitig weinen und lächeln - Du hast ihn extra für mich angenehm gesüßt. Ich danke Dir! Und auch danke für die supernette und köstliche Verpflegung.

Ich schaue aus dem Fenster. Die Sonne scheint. Zwischendurch kullern ein paar Tränen und ich lächle und mein Herz umfaßt alles.

Ich habe Dich sehr lieb,

Deine Mutti